I0777141

Eticarianismo

(Dieta y Vida eticariana)

"Hay un placer mayor que comer: Dejar vivir"

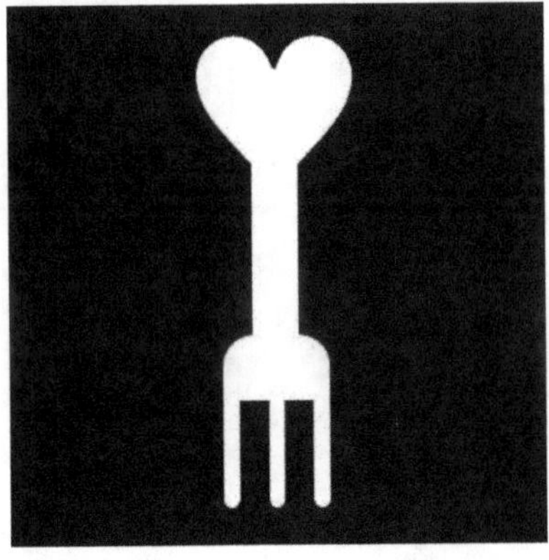

Tomás Vega Moralejo

(Traducción al inglés, en la correspondiente edición: Cristina Sánchez Moralejo)

ÍNDICE

7- Prólogo

17- Eticarianismo

69- Ideas para hacer el cambio

73- El cuento de las proteínas

En el libro *Cocina Eticariana* (Bubok Publishing. Madrid, 2015) [*solo en español*] hacía una exposición de este concepto de dieta, además de incluir una serie de recetas escogidas principalmente pensando en hacer más fácil la transición de comedor de carne a comedor de vegetales en sustitución de ésta. Incluía también una guía de datos nutricionales (composición de los principales alimentos en proteínas, glúcidos y lípidos, así como su aporte calórico y un vistazo a otros elementos destacados como el colesterol), una guía de tiempos de cocinado de los principales alimentos en horno, cocción o microondas; y una guía de aditivos alimentarios (antioxidantes como E-300, ácido ascórbico, etc) y su inocuidad o conveniencia de evitarlos.

Aquel libro, en fin, era un "varios libros en uno" pero en éste he querido centrarme y ahondar en la parte teórica de esta forma de comer y hasta de vivir, y he prescindido de las tres guías así como del recetario, si bien en cuanto a recetas sí que daré algunas ideas. El objetivo es hacer un libro más corto y barato y por tanto más accesible, y dirigirlo a quienes sigan con la duda pero al menos hayan pensado (si no, no se acercarían a un libro así) alguna vez en dar el paso de mirar más allá y darse cuenta de que su forma de consumir afecta a otros seres de manera más directa de lo que parece.

***

Permíteme tutearte de vez en cuando y comenzar con mi experiencia personal respecto al cambio de alimentación, pues me pasé 35 años comiendo como lo hace la mayoría de la gente en occidente.

Te preguntarás quién soy yo para que interese mi experiencia personal::: pues justamente "un cualquiera", de modo que el interés podrá estar en que "cualquiera", con un poco de voluntad, puede pasarse a una alimentación más ética.

La madrugada del 7 de febrero de 2014 un documental me cambió la vida: Earthlings [*Terrícolas*] (de Shaun Monson).

¿Cómo viven los animales que usamos y consumimos de distintas formas, como por ejemplo para comer? ¿Te lo has preguntado seriamente? ¿Has pensado en ello detenidamente?

Las industrias que tratan con animales ocultan cuidadosamente la realidad. Dice Paul McCartney, uno de tantos ilustres vegetarianos (hay más de los que creemos), que si las paredes de los mataderos fueran de cristal todos seríamos vegetarianos... y el sentido de la frase está claro, pero si esas paredes fueran transparentes la reacción sería simplemente alejarse de los mataderos... "ojos que no ven, corazón que no siente"; y así, con los ojos vendados respecto a los animales, se pasa la mayoría de la gente la vida entera, sin saber que su forma de consumir probablemente es absolutamente contraria a su forma de pensar.

Muchas personas no comerían cordero u otro animal si tuvieran que matarlo ellas mismas... pero si compramos carne estamos pagando para que otra persona mate a ese cordero para nosotros. La relación es así de directa realmente.

Si ves "Earthlings" seguramente no te hagan falta más explicaciones, pero la gente se aleja de ese documental porque es "un matadero que deja ver a través de las paredes".

Debo redundar en que "no ver" puede servir para que no sientas tú, pero no evita lo que realmente pasa.

¿Quieres ser partícipe de los más horribles maltratos y muerte de seres inocentes? ¿Quieres ser cómplice de toda esa tristeza y dolor? Seguramente no, pero entonces no puedes seguir escondiendo la cabeza como se dice (inadecuadamente) que hacen los avestruces ante lo que temen y no quieren ver.

Pero sé que el tema no es sencillo. La sociedad entera parece haberse puesto de acuerdo para que seamos insensibles al sufrimiento de los animales con tal de que unos cuantos se beneficien y el resto consumamos lo que nos apetezca sin problemas de conciencia.

Yo mismo siempre tuve sensibilidad por los animales, y por tanto siempre había rondado en mi cabeza la cuestión ¿Es consecuente comer animales con mi forma de pensar? ...pero siempre me había autojustificado con los típicos ""es que somos omnívoros, tambén los animales se comen entre ellos, es ley de vida, necesitamos las proteínas de los animales para una alimentación equilibrada, etc"". Claro que eso a su vez quedaba desmontado por el hecho de que hay gente vegana que vive perfectamente, incluso atletas.

El mismo procedimiento de alegar que: como podemos comer carne comámosla, podría justificar por ejemplo que: como tenemos la capacidad de asesinar, asesinemos.

Así que dejémonos de entelequias y pasemos más allá del análisis superficial de esos pensamientos o frases hechas; aunque no es fácil porque ¡Sabe tan bien la carne...!

Dejar de pensar como está establecido resulta incómodo y es un contratiempo para la propia forma en que nos han enseñado a vivir, y hay que poner verdadera voluntad para dar el paso. Con solo plantear la posibilidad de hacerte vegetariano mucha gente ya te tildará de raro y tratará de burlarse... aunque hay que reconocer que la alimentación respetuosa con los animales está de moda y solo en el lapso de tiempo que ha pasado entre mi anterior libro del que os hablaba y éste, han aparecido cantidad de nuevos productos que encajan como eticarianos y cada vez son más accesibles e incluso cada vez están más logrados en textura y sabor como sustitutos de carne.

Que me perdonen por las comparaciones, en las que por supuesto hay que salvar ciertas diferencias, pero habréis escuchado o incluso pensado eso de "respeto que seas vegano, pero no pretendas imponer tus ideas"....

Ahora imaginaos a otra persona diciendo "respeto que estés en contra del racismo, pero no pretendas imponer tus ideas" ¿A que suena mal?

No todo vale.

Cuando la esclavitud de las personas de piel oscura era normal, quien planteaba que son como los demás era no ya raro... sino que su integridad corría peligro solo por manifestar tales pensamientos; de hecho la cosa acabó en guerra en Estados Unidos, porque claro: el amo tiene un esclavo (o más) que le hace todo a capricho por el módico precio de darle de comer, y que se lo quiten le complica realmente la vida.

O cuando era normal que el hombre fuera amo de la mujer, pretender quitarle al amo el poder sobre ese accesorio sexual y que le hacía las cosas de casa, pues le complicaba realmente la vida... y claro, la cosa acabó también en revueltas.

Desgraciadamente hay muchos países en que aún están en esas luchas, pero ¿Harán falta auténticas revueltas para que se respete al fin a los animales en los países más desarrollados? ...pues esperemos que hayamos aprendido algo de la historia y seamos más civilizados. De eso trata este libro, de ser más civilizados con los animales desde la razón, pero claro: quitar a ciertas personas el poder de disponer a su antojo de la vida de los animales es un contratiempo....

Empecemos por nosotros mismos.

La sociedad ya está cambiando gracias a la suma de individuos que respetan a los animales, pero la causa necesita más "guerreros".

Da el paso.

Puedes empezar, para animarte, por documentales como "The Cove" (Louie Psihoyos) o "Blackfish" (Gabriela Cowperthwaite), mucho más suaves que "Earthlings" y hasta con componentes de intriga o entretenimiento, pero que también te harán ver ciertas verdades escondidas sobre lo que ocurre con los animales que consumimos, en estos casos en forma principalmente de entretenimiento ya que se trata de delfines y orcas, pero en fin, que pueden servir para ir abriendo los ojos. O con libros como "El triunfo de la compasión" (Jesús Mosterín), "Animales, la revolución pendiente" (Silvia Barquero), este mismo, u otros más avanzados como "Liberación animal" (Peter Singer).

Hay una especie de salto mental entre el "no me gusta que sufran los animales, pero tengo que comer" y el "no voy a participar del sufrimiento de los animales, puedo comer otras cosas".

Una cosa es pensar en algo y otra persuadirse de ello.

Ya me había dado cuenta de eso con el asunto de los perros abandonados. Siempre había pensado, al ver uno: "pobrecito ese perrito" (pero ahí se queda).

Automáticamente excusaba cualquier implicación en el asunto pensando que no era mi responsabilidad o que "la vida es así".

El pasar al "pobrecito ese perrito, voy a ayudar a ese perrito" es, efectivamente, todo un salto mental.

Esta última frase entrecomillada me parece tan lógica ya, que lo que ahora me cuesta entender es cómo mi mente se contentaba con la anterior.

El truco está en la persuasión... pero ¿Cómo persuadirnos? En mi caso, respecto a los perros, quien consiguió persuadirme, a base de insistencia, fue mi mujer (siempre le estaré agradecido por ello, aunque ahora soy yo quien al menos de momento tiene que insistirle a ella para que se pase al eticarianismo o más allá)... y la primera vez que ambos ayudamos a un perro abandonado, resultó que no era tan difícil... que "la vida era así" pero porque dejábamos que fuera así. Juntos hemos hecho que la vida sea de otra forma para unos cuantos perros, y la sensación de ver su gratitud y verlos mejorar y finalmente encontrar un dueño decente es algo simplemente maravilloso, que supera con creces los inconvenientes; y que engancha, pues no he vuelto a mirar a los perros en apuros con indiferencia.

En cuanto a la alimentación, y aún más allá, lo que me persuadió fue el documental Earthlings. Lo pasarás mal viéndolo, pero seguramente sea el empujón que te faltaba para hacerte vegano, vegetariano o, al menos, ETICARIANO... y así ser consecuente con tu sensibilidad por los animales.

Por cierto, que la palabra "eticariana" en su momento creí haberla creado yo (desde luego, traté de que fuera un concepto nuevo)... y en 2014 al buscarla en internet no había resultados, e incluso busqué "ethicarian" y tampoco... pero resulta que hoy día sí me aparecen resultados de este término en inglés al buscar y con fecha anterior a 2014. En cualquier caso, no me importa ser el creador o no de un neologismo... lo importante es transmitir el mensaje por los animales.

Personalmente, me planteé esta dieta eticariana en toda su amplitud (es decir, incluyendo carne) pensando en mantenerla en el tiempo, pero una vez que me persuadí del problema para los animales y de que no me resultaba tan difícil cambiar mis hábitos alimenticios, no podía parar... y un año después dejé totalmente de comer carne y mi objetivo es acercarme aún más al veganismo, para lo cual, eso sí, el eticarianismo me está viniendo muy bien como etapa de transición. Lo primero fue reducir drásticamente el consumo de todo tipo de animales y solo comerlos de pesca sostenible o carnes ecológicas (por cierto, que ya solo con eso mi colesterol bajó en menos de un año de las alrededor de 230 unidades en que llevaba años estancado, a menos de 200... y eso que sigo con mi "enganche" a los dulces. Otro detalle curioso es que, coincidencia o no, no he tenido un solo catarro desde entonces, ni tampoco aftas bucales; y ambas cosas me fastidiaban cada pocos meses); luego dejé totalmente los mamíferos y al poco las aves... y en esa etapa estoy, y os juro que ya se me hace fácil. Si un excarnívoro empedernido como yo puede, "cualquiera" (con un poco de voluntad) puede.

El truco, como digo, está en la persuasión; podéis obtenerla viendo la vida miserable a la que se somete a los animales para consumo, pero también si queréis probad a la inversa y probad antes a visitar un Santuario de animales: allí veréis que un cerdo o un pato no son menos que un perro, que también son sensibles, cariñosos, graciosos, ... que también quieren y merecen una vida digna.

Hay países en los que se comen a los perros, cosa que aquí ni se nos pasa por el pensamiento. Al final, la diferencia entre unos animales y otros solo está en nuestra cabeza y nos podemos mentalizar de que el cerdo no es comida de la misma manera que consideramos que un perro no es comida.

PD: Si acaso leéis artículos míos anteriores, podréis encontrar posturas distintas de las que contiene este libro... porque efectivamente mi pensamiento ha ido evolucionando hacia un mayor entendimiento y respeto a los animales, hasta el punto de que hay quien me dice que parezco más preocupado por los animales que por las personas....

Por supuesto, a quienes así aparentamos no es porque no nos preocupen las personas. De hecho, la preocupación por los animales no surge de la nada sino de la sensibilidad... que está claro que es extensible a las personas.

Eso es así, frente a la cantidad de personas que nos critican por preocuparnos por los animales mientras esas personas solo piensan en sí mismas o como mucho en algún allegado.

Lo que ocurre es que la preocupación por las personas es tan obvia que no solo no necesita de que hagamos demostraciones, sino que está regulada por ley y está apoyada sin matices por la sociedad.

Imaginaos un caso de maltrato a una mujer... e imaginaos que ese caso para colmo no estuviera ni penado por ley ni rechazado por la sociedad ¿No os parecería indignante y más grave aún?

Pues eso nos pasa a nosotr@s con los animales, que estamos hartos de que no solo se cometan injusticias contra ellos sino de que encima queden impunes y las autoridades y toda la sociedad sean cómplices por mirar para otro lado; y eso lo tenemos aquí mismo, en nuestro país.

Es el siguiente paso en la consecución de derechos morales tras el de las personas de piel oscura, las mujeres y las distintas orientaciones sexuales. Se puede estar del lado de la bondad, o del de quienes también se negaban a ver que era absurdo esclavizar seres por su color o menospreciar seres por su sexo. También es absurdo causar sufrimiento innecesario a seres por su especie.

ETICARIANISMO

Hace años (no tantos), comer carne era algo poco más que para las ocasiones especiales.

Actualmente, las cosas se han invertido hasta el punto de que comprar alimentos animales es tan asequible y accesible que, animada por el sabor, la mayoría de la gente en los países desarrollados se alimenta principalmente con animales. El coste para nuestra salud es alto, pero para los animales supone un "holocausto" diario... del que ni siquiera somos conscientes si no nos lo proponemos.

No solo estamos comiendo demasiada carne, sino que con ella casi siempre estaremos consumiendo sustancias insalubres producidas por el propio animal, por el estrés al que se le somete, o sustancias químicas nocivas que se les administran para controlarlos mejor o aumentar la producción.

Sin embargo, comer animales se ha normalizado tanto que cuesta plantearse dejar de hacerlo. Es algo ya sociocultural; la industria cárnica y otras han sabido engañarnos tan bien, que la gran mayoría de las personas piensan en cerdos y pollos felices cuando como mucho les da por pensar que el filete que tienen delante hace poco era un animal vivo.

¡VA, EN SERIO! ¡DESPIERTA! ...POR SI ACASO TE ESTÁS DEJANDO LLEVAR POR LA INERCIA DE LEER SIN MÁS: ¡PÁRATE A PENSAR! *Tu consumo de animales hace que haya animales maltratados y hace que se maten animales. Es así.*

Vamos a verlo en datos. Es posible que así se capte mejor.

Cojamos 2015, año del que ya hay datos gubernamentales definitivos.

'ENCUESTA ANUAL DE SACRIFICIO DE GANADO EN MATADEROS 2015" (ESPAÑA):

2.333.895 ejemplares de bovino.

9.960.176 ejemplares de ovino.

1.210.269 ejemplares de caprino.

45.890.524 ejemplares de porcino.

52.908 ejemplares de equino.

51.880.000 ejemplares de conejos.

736.455.000 ejemplares de aves.

TOTAL: 847.783.050

Redondeando un poco por arriba, 850 millones de animales sacrificados en un solo año... y hablamos solo de datos de la industria cárnica.

En 2015, redondeando ligeramente por arriba, había 46´5 millones de personas en España.

Es decir, que de ese modo tocamos por persona a 0´05 ejemplares de bovino al año, 0´21 de ovino, 0´026 de caprino, 0´98 de porcino, 0´001 de equino, 1´11 de conejos y 15´83 de aves. 18´28 animales por persona.

Está claro que estos datos dan para numerosas aclaraciones, empezando porque son una simple media que por ejemplo en mi caso se quedaba muy corta, pero como no es fácil calcular cada caso particular vamos a quedarnos con esa cifra.

Como la oferta y la demanda se ajustan, solo dejando de comer carne estarás dejando de participar en el maltrato y muerte de unos 20 animales al año. Pongamos que tienes 30 años, dejas ahora la carne y vas a vivir hasta los 80... Habrás sacado de esa sangrienta cadena de producción a MIL animales.

¿Vale la pena o no?

La ganadería intensiva se ha impuesto y en ella el bienestar de los animales es la menor de las preocupaciones: gallinas y pollos encerrados en jaulas en que no pueden ni estirar las alas (por ahorrar espacio); terneras separadas inmediatamente de sus madres (a las que robamos su leche) y recluidas en celdas en que ni se pueden dar la vuelta para que por falta de movimiento su carne sea más blanda... y alimentadas con déficit de hierro para que su carne sea más blanca; cerdas aprisionadas para que no se puedan ni levantar y sus crías puedan mamar en todo momento hasta que se las arrebaten; patos obligados a permanecer inmóviles y alimentados forzosamente para hacer enfermar su hígado (*foie*); etcétera, etcétera, etcétera.

El mero hecho de consumir animales nos hace partícipes de ese infierno en la tierra, de modo que si somos personas sensibles no podemos permanecer impasibles:

La dieta eticariana es, básicamente, una dieta en la que se reduce (al mínimo que seamos capaces) el consumo de productos animales, y a los pocos que se consuman se les pone la condición de que procedan de ganadería ecológica o pesca sostenible.

(La ética es el conjunto de normas morales que rigen la conducta humana, y la norma moral en alimentación sin duda debe ser que nuestra forma de alimentarnos no provoque sufrimientos innecesarios a otros seres)

Lo que se busca con esta dieta es hacerla más apetecible que una dieta vegetariana estricta (ya que mucha gente ni se la plantea porque la encuentra muy restrictiva), y más respetuosa que la normal o incluso la vegetariana tradicional que admite huevos y leche... donde aún puede haber mucho sufrimiento si la leche no es de ganadería ecológica (aunque ésta tampoco es lo ideal) o los huevos al menos camperos.

Es importante señalar ya mismo que **una dieta así no es más cara que una dieta normal**, ya que los productos de ganadería ecológica y pesca sostenible son más caros que los normales pero la primera premisa es reducir el consumo de productos animales... y como los productos animales (incluso los normales) en general son más caros que los vegetales, la balanza económica se compensa e incluso se inclina favorablemente hacia el eticarianismo. La dieta eticariana bien puede entonces ser más barata que una dieta normal, porque se fundamenta en los Vegetales, que son más baratos que los productos Animales... con la ventaja además de que lo que comamos de animales será de calidad y sabor superior.

No está de más mencionar que estaremos apostando además por favorecer el empleo, pues obviamente la ganadería intensiva (que no tiene cabida en esta dieta) emplea menos mano de obra proporcionalmente.

Cada vez tenemos más información al alcance para saber realmente lo que comemos y, aunque esta dieta propuesta no es perfecta como pudiera serlo la vegana (prescinde de todo producto de procedencia animal), al menos puede servir para reducir nuestro impacto en los animales en la medida en que queramos o seamos capaces de acercarnos al veganismo.

Debo pararme a puntualizar, ya que es posible que una persona vegana se sienta incluso ofendida con las consideraciones de la dieta eticariana ya que esta última "acepta" la muerte de animales y cierto grado de explotación: admito que el veganismo es el ideal moral en cuanto a alimentación, pero también hay que admitir (y es uno de los fundamentos del eticarianismo) que **es mejor "algo" que "nada"**... y es un hecho que la mayoría de la gente se muestra absolutamente indispuesta a hacerse vegana y la cosa ha llegado al punto de polarizarse las posturas y tenerse el veganismo como algo radical que provoca el rechazo inmediato e incluso, tristemente, parecen estar de moda las discusiones entre unos que se consideran más animalistas que otros... perjudicando así a todo el movimiento a favor de los animales. Si, por ejemplo, un policía es corrupto o un enfermero un matasanos, se consideran hechos aislados (y lo son)... pero si alguien considerado defensor de los animales hace o dice alguna barbaridad, la gente rápidamente aprovecha ese ejemplo para arremeter contra todo el movimiento animalista. Así que moderación, por favor.

La dieta eticariana es potencialmente más sencilla de aceptar por más gente que la vegana y la vegetariana, e incluso, como ya hemos dicho, más ética que esta última si no pone pegas a la procedencia de huevos y leche.

La dieta eticariana es tal vez un término medio en la forma de alimentarnos, y con el suficiente apoyo y "propaganda" podría llegar a tener un alto grado de implantación. En este sentido, desde luego las cosas no son fáciles. ¿Por qué una marca de huevos ecológicos, por ejemplo, no anuncia su producto mostrando la realidad que hay detrás de los huevos de gallinas enjauladas? Una propaganda reiterada en medios de comunicación populares, que mostrara la abismal diferencia de trato que reciben los animales en uno y otro caso, captaría cada vez a más personas hacia el consumo de productos de procedencia animal en los que el trato digno importa.

La realidad es que los productos como los huevos, la leche o la carne ecológica son más caros y relativamente poca gente los consume (motivo precisamente que influye en que sean más caros), y el mercado está dominado por las empresas que se dedican a ganar dinero sin más, sin que importe el bienestar animal ni lo más mínimo; y muchas empresas que venden esos productos más éticos, venden también los "normales" y no van a arrojarse piedras a su propio tejado. Es por ello que, de momento, el cambio está en nuestras manos.

Por cierto, que a efectos de esta dieta consumir vegetales ecológicos no solo no es necesario sino que es posible que sea incluso contraproducente, porque la agricultura ecológica es menos productiva y por tanto requiere más extensión de terreno comparativamente que la convencional... con los consiguientes problemas ecológicos. Los animales para carne ecológica son alimentados con vegetales ecológicos, pero es que además viven mejor que es de lo que se trata.

De paso, unos apuntes sobre productos trans: Aunque a menudo las plantas transgénicas son estériles (no por respeto a la naturaleza, que por desgracia suele importar poco, sino para asegurarse de que haya que seguir comprando el producto a la marca en cuestión al no poder reproducirlo), la polémica ambiental está fuera de toda duda porque pueden competir y acabar con variedades naturales o provocar ciertos desequilibrios por ejemplo por su resistencia a insectos. En cuanto a su consumo, tampoco se han despejado todas las dudas (las hay por ejemplo relacionadas con alergias) ya que es un tema complejo... pero en principio podemos estar tranquilos porque la manipulación genética (por ejemplo, para que un vegetal fabrique paredes más gruesas y otorgarle resistencia a ciertas plagas), en los productos y en la forma que está permitida, no genera conflictos nutricionales. No obstante, está muy bien que estén en tela de juicio para que se tomen precauciones con las manipulaciones.

¿Por qué debemos tener consideración con los animales? Por moral, pues son seres con capacidades como sufrir y otras incluso superiores a algunos humanos como los bebés o personas que por desgracia padecen graves problemas ¿O acaso no es más sensible e inteligente un perro, por ejemplo, que una persona con un grado profundo de anormalidad?

(No se me malinterprete, por favor… tengo una hija a la que adoro y lo haría aunque tuviera alguna minusvalía. Para mí también está antes un bebé, pero hay quien desprecia a los animales porque dice que son menos inteligentes, y no se da cuenta de que cogiendo ese argumento está, efectivamente, dejando por detrás de los animales a ciertas personas.

Hay quien juzga la inteligencia de los animales en la medida en que no es capaz de comprenderla.)

Pero incluso sin entrar en consideraciones filosóficas complicadas, podemos justificar esa consideración con los animales de una forma muy sencilla: durante toda nuestra existencia buscamos evitar o reducir el sufrimiento por todos los medios; la muerte es algo inevitable en última instancia, pero el sufrimiento se debe evitar o reducir siempre que se pueda: y esa norma debe servir para todo ser capaz de padecerlo. Si no lo queremos para nosotros ¿Por qué hubiéramos de provocárselo a otros?

Si un animal tiene Ojos para Ver, Estómago para Digerir, ... ¿De dónde se deduce que su Cerebro no está para Pensar?

Imaginemos a una persona con algo así como una parálisis que le impidiera emitir sonidos, hacer gestos, ... una persona que, en definitiva, no pudiera comunicarse con nosotros de forma que la entendiéramos pero cuya mente funcionara bien para sí misma. E imaginemos que acabara de perder a un ser querido y fuera consciente de ello.

El no apreciar (por sus taras) sus muestras de dolor, el no escuchar sus lamentos, ... ¿Quiere decir que esa persona no sufre?

Es un problema para la persuasión el hecho de que el sufrimiento en los demás solo lo podamos imaginar… y casi ni imaginarlo si nosotros mismos no hemos padecido antes algo parecido (¿Cómo imaginar el sufrimiento de una persona con migraña si tenemos la suerte de que nunca nos haya dolido la cabeza?).

Al menos, las personas "normales" pueden manifestar de distintas formas sus padecimientos unas a otras, pero el mero hecho de que no entendamos a un animal no nos debe hacer concluir que sea incapaz de sentir y sufrir.

En muchos casos, además, solo se trata de poner un poco de atención. En muchos casos las muestras de sentimiento están ahí, aunque haya quien no se percate de ellas. Un perro no puede sonreír, pero en cambio puede menear su cola por alegría. Los perros son capaces de captar la alegría en una persona aunque ésta no tenga cola; negarse a ver la alegría en un perro solo porque no pueda sonreír o mostrarla de alguna forma "humana", es una burda excusa para no congeniar.

Algunas personas llevan eso al extremo, negando incluso que un animal sufre cuando está chillando de dolor... y hacen así como mera disculpa para seguir causando daño al animal sin que su conciencia se vea afectada por ello.

Tenemos una especie de coraza que de hecho es necesaria como barrera psicológica ante ciertos factores. No podemos ser completamente sensibles a todo sufrimiento, o enloqueceríamos o nuestra vida sería miserable sin remedio. Ante una desgracia, nuestra mente tiene sus mecanismos de protección y, unas personas mejor y otras peor, somos capaces de superar las adversidades. Perdemos a un ser querido y nos sobreponemos, la vida sigue.

Si se ha educado e insensibilizado para ello, una persona puede no sentir nada ante la muerte de un animal porque tendrá implantadas barreras psicológicas para que eso sea así. Y lo mismo que con los animales, hay personas insensibles con otras personas.

Podríamos adentrarnos en cuestiones filosóficas complejas e incluso dudar de la "culpa" de una persona gobernada mentalmente por esa educación o insensibilización cuando comete alguna fechoría. Pero no vayamos tan lejos, **sencillamente lo cierto es que una cosa es que una persona no esté preparada para comprender el sufrimiento de un animal y otra que los animales no sufran.**

Quienes sí somos capaces de empatizar con los animales, debemos tratar de persuadir al mundo... aunque no es fácil, porque muchos amantes de los perros, por ejemplo, se muestran muy reticentes a considerar capaces a otros mamíferos de la misma sensibilidad que los canes; lo cual en realidad no es algo sensato, pues si a un cerdo se le da la oportunidad puede ser tan afín con una persona como lo es el perro, aunque sus cualidades y límites morfológicos difieran ligeramente.

La frontera que la gente coloca entre la consideración a los perros y a otros mamíferos superiores, es semejante a la que sitúa para considerar más importante a su familia y amigos que a los desconocidos, o más importantes a sus conciudadanos que a personas de otro país. De igual forma, establecemos vínculos con los perros que no damos opción a establecer con otros animales, pero eso no quiere decir que esos otros sean menos sensibles... de la misma forma que tenemos al fin claro que una persona de raza negra no es menos sensible que nuestro amigo de raza blanca. Es normal tener más aprecio por nuestro amigo, ya que es amigo, pero de ninguna manera es tolerable provocarle ni desearle sufrimiento al otro por su condición.

Otro motivo para tener consideración con los animales (más egoísta, y que por ello puede ser más importante para algunas personas, pero también válido) es por nuestra propia salud: los animales criados de forma intensiva (aunque nos los pinten felices para que compremos sin remordimientos) son sometidos a un terrible estrés por el que sus glándulas secretan sustancias perjudiciales que acaban en la "carne", o se les administran sustancias para mantenerlos o aumentar su producción que son nocivas. La Organización Mundial de la Salud ya avisa por ejemplo de que el uso excesivo de antibióticos en animales de consumo va a suponer un grave problema para la humanidad por la resistencia de bacterias a éstos.

A muchos de estos animales no se les permite satisfacer ni sus más básicas necesidades como estirar las alas o caminar. Si lo pensamos, es intolerable pero además es que es lógico que un animal que vive en ese estado de ansiedad acabe por no estar sano ni ser sano.

¿Seremos más infelices con esta dieta eticariana, por sus inconvenientes como prescindir de sabores que nos gustan? Si nos persuadimos de lo que supone comer animales, no solo no estaremos insatisfechos con la dieta Eticariana o Vegana sino que, precisamente, **estaremos contentos con nosotros mismos porque estaremos actuando de acuerdo a lo que entendemos como justo**; perdemos unos sabores pero ganamos otros y, sobre todo, ganamos dignidad.

Además, el paladar se adapta y acabaremos por disfrutar tanto con un estofado de lentejas como con uno de ternera.

Por cierto, que en la dieta eticariana no se admite de ningún modo el consumo de crías de animales. Consumir ternera, cordero u otras crías supone un doble mal: al sacrificio de un pequeño que debería estar correteando feliz, se une la separación de madres e hijos... algo traumático al menos en todo mamífero.

Seguimos con algunas directrices de consumo eticariano:

-Seamos claros: para que una vaca dé leche, ha tenido que estar embarazada; y puesto que el destino de la leche no es su cría sino el consumo humano, es fácil deducir las consecuencias que eso tiene…. Por ello nuestra elección deberían ser los sustitutos vegetales de la leche (bebida de soja, arroz, avena, almendra, …).

No obstante, ya que la leche es un ingrediente de tan amplia utilización que para muchas personas puede ser difícil sustituirla, y ya que debemos optar por la opción menos mala, en este libro insistimos sobre la leche ecológica como sustituto de la normal cuando alguien no admita las vegetales.

La leche de producción ecológica, entonces, no es lo perfecto a los efectos que tratamos, pero hay importantes diferencias entre la ganadería ecológica y la producción intensiva que, si no somos capaces de prescindir de la leche, nos "permiten" optar por ella:

Las vacas tienen acceso a zonas al aire libre, se alimentan con piensos y forrajes ecológicos, las crías pueden mamar durante un tiempo [en la cría intensiva se separa a madre e hijo inmediatamente], se prohíbe suministrarles sustancias químicas excepto si son para curación de una enfermedad (y durante ese tiempo se apartan de la cadena de consumo), se prohíbe cualquier clase de mutilación al animal (el buey, por cierto, es un bóvido al que castran), se pone especial atención a que el transporte y sacrificio final se hagan con el mínimo estrés para el animal, etc.

Con todo, además, se consigue una leche de un sabor y calidad indudablemente superior.

*Nota: Puede ser realmente difícil o imposible encontrar ciertos productos libres de lácteos o con lácteos de ganadería ecológica... y el consejo es no obsesionarse, porque como decimos es mejor hacer "algo" que "nada". Si supone un serio impedimento para seguir esta dieta el prescindir totalmente de lácteos no ecológicos, como por ejemplo el chocolate, es mejor permitirse alguna salida de norma como esa que abandonar la dieta por completo. Además, uno de los fundamentos de esta dieta es lanzar el mensaje de que queremos que se trate con dignidad a los animales: si cambiamos la botella de leche normal por la de leche ecológica el mensaje está claro, pero si dejamos de consumir algo que contenga chocolate con leche ¿Se dará cuenta el fabricante de que no consumimos su producto por una cuestión ética? Bueno... no debemos dar por zanjado este asunto, pero tal vez baste en principio con que solo suprimamos de la dieta los productos cuyo ingrediente principal (en el queso, por ejemplo) sea la leche no ecológica.

-Los huevos, y lo mismo para la carne de aves, deben ser como mínimo camperos, ecológicos o caseros (nuestros o de alguien de confianza).

El código alfanumérico impreso en los huevos indica su procedencia con el primer número: 0 para producción ecológica, 1 para camperos (las aves disfrutan de espacio al aire libre), 2 para aves que están sobre suelo pero hacinadas en naves, 3 para aves enjauladas. Las siguientes dos letras del código indican el país de procedencia [ES para España], los dos números siguientes la provincia de producción [24 para León, por ejemplo], los tres siguientes el municipio y los tres siguientes: datos más concretos dentro del municipio que nos llevan hasta la granja concreta.

-Las carnes, de ganadería ecológica o animales criados en libertad, o no consumirlas. Recordad que, en la producción industrial de carne, el bienestar del animal es la última de las preocupaciones: si hay que mantener un animal inmóvil para que su carne sea blanda, se hace; si hay que hacer pasar hambre y privar de hierro a un animal para que su carne sea más blanca, se hace; si hay que mantener gallinas en jaulas de auténtica tortura para que la producción de huevos sea más eficiente, se hace; y así con cada detalle que mejore la economía o presencia del producto final, el calvario del animal no importa.

-El pescado, de pesca sostenible (es aquella que se considera que se puede continuar indefinidamente: se impide la sobrepesca, se respeta el ecosistema, se limita la captura de especies no deseadas, etc).

En la pesca al menos **el animal habrá vivido libremente hasta el mismo momento de su muerte** (y este es un motivo por el que algunas personas optan por *pescado sí/no carne*), pero hay que advertir que la acuicultura no siempre es sostenible o atiende al bienestar animal, pues en muchos casos se tienen animales en condiciones de poblaciones excesivas (y ya hay que usar medicamentos y otros productos químicos para mantenerlas), o se capturan otros de manera no sostenible para alimentar a los de acuicultura.

Por otra parte, hay animales (como los mejillones) que ni siquiera necesitan un certificado de pesca sostenible o cosa parecida porque proceden en general de prácticas que no suponen un problema en cuanto a los términos que contempla la dieta eticariana. Incluso, aunque no está claro, no parece que la capacidad de sufrir de los bivalvos y otros animales de abajo de la escala evolutiva esté tan desarrollada como en los animales "superiores"... ni generalmente la forma en que se los sacrifica es particularmente cruenta.

Este es un asunto controvertido, pues podemos estar seguros de que los mamíferos tienen capacidad de sentir y sufrir, pero a medida que una especie se aleja filogenéticamente de la humana, esa capacidad de sentir y sufrir es menos evidente... pero que no se nos haga palpable no quiere decir que no la tenga.

Sin embargo, se puede aventurar que la conciencia de sufrimiento sí desciende en general a medida que bajamos peldaños en la escala evolutiva. El dolor físico no necesariamente está acompañado de sufrimiento emocional o incluso físico. El dolor físico es un factor necesario para activar mecanismos de defensa en un animal, pero puede haber dolor sin sufrimiento... y no me refiero a disfunciones como el masoquismo, aunque hasta ese punto es complejo el tema del dolor.

Para entender mejor esta afirmación de que puede haber dolor sin sufrimiento, pensemos en algo tan simple como darnos un baño en agua muy fría: más pronto que tarde nos dolerá casi todo el cuerpo, y sin embargo podemos incluso estar pasándolo bien... aunque el cuerpo nos advierte con ese dolor de que ese frío es peligroso, y el dolor irá en aumento hasta que nos veamos obligados a salir del agua. O pensemos en el caso de si nos ponen una inyección: podemos aguantar el dolor del pinchazo sin sufrimiento, porque sabemos que es algo beneficioso para nosotros. El dolor, en definitiva, para que conlleve sufrimiento requiere conciencia del daño y del peligro para la integridad. Y está perfectamente claro, por similitud de sistemas nerviosos y por lo que podemos observar, que pueden sentir sufrimiento los animales filogenéticamente próximos a nosotros los humanos, como mamíferos o aves... y no está tan claro en peces o anfibios, por ejemplo, para finalmente ser poco probable que por ejemplo los moluscos bivalvos hayan desarrollado o conservado evolutivamente una conciencia de sufrimiento; de hecho ¿Para qué le serviría tal cosa a un animal que prácticamente no puede hacer nada para huir del peligro?

No obstante, como decía, debemos tomar estas disquisiciones con cautela. Digamos, al menos, que cuanto menos evolucionado está un ser, menos probable es que el alimentarnos de él suponga un problema moral... hasta estar claro que con las plantas y hongos sin duda no lo hay, ya que estamos seguros de que no sufren al carecer de sistema nervioso y funcionar de forma, por así decirlo, "fisicoquímica" (por ejemplo: la circulación de la savia en una planta no es más que un conjunto de acciones de fuerzas intermoleculares. El movimiento en una planta hacia la iluminación se debe a la presencia o ausencia en una parte de la planta de una hormona vegetal inhibida por la luz, ...). Aún así hay gente que se empeña en plantear que las plantas puedan sentir, generalmente como un burdo argumento para usar contra quienes no comen animales. Vamos a ser un poco más brutos con otra forma de desmontar ese mito: hoy en día ya se pueden mantener con "vida" órganos o extremidades del cuerpo por separado; bien, pues imaginemos un brazo amputado aún "vivo"... ¿Sufrirá ese brazo por mucho que le clavemos algo? Evidentemente no, a pesar de que un brazo tiene incluso nervios....

Dejamos el dolor. Hay que desterrar mitos como que la dieta vegetariana no nos aporta las proteínas que necesitamos. Se basa en que la mayoría de los vegetales no contienen individualmente todos los aminoácidos en cantidades considerables, pero ese mito forma parte de la propaganda de la industria que se dedica a la producción animal. Con combinaciones tan simples como legumbres (lentejas, garbanzos, guisantes, judías, ...) y cereales (pan, pasta, arroz,

...) obtenemos proteínas no solo completas sino más fácilmente asimilables por el cuerpo.

Una dieta vegetariana variada y en cantidad suficiente no requiere mayores preocupaciones que, si acaso, no las proteínas sino la Vitamina B12 (es realmente el único componente que se acepta que nutricionalmente podría no aportar de forma suficiente una dieta vegetariana estricta)... motivo por el cual parece aconsejable consumir huevos (camperos o ecológicos, recordad), o leche ecológica, o bivalvos, ... o un suplemento de esa vitamina que se obtiene con bacterias.

También es un mito interesado, de esos que inventamos para justificar el no cambiar, aquello de que con una dieta vegetariana no se obtienen suficientes nutrientes o energía para actividades que requieren esfuerzo. Hay, por ejemplo, varios atletas de élite que son incluso veganos (podéis encontrar ejemplos en internet), pero no tenemos más que fijarnos en unos ejemplos para ver lo lejos de la realidad que está esa afirmación (datos para porciones de 100 gramos, en orden energía[kilocalorías] / proteínas [gramos] / grasas [gramos] / hidratos de carbono [gramos]):

*Lomo de cerdo: 311/16/27/1

*Pechuga de pollo: 145/22/6/0

*Merluza: 64/12/2/0

*Huevo: 162/13/12/1

*Garbanzos: 341/21/5/44

*Pasta: 359/13/2/71

*Almendra tostada: 621/23/53/7

Hay vegetales que ganan a los animales por goleada en nutrientes y energía... y, de paso, así se cae otro mito que también hay quien suelta según le convenga: el vegetarianismo adelgaza.

De lo que se trata es de hacer buenas combinaciones, porque también se puede hacer una dieta 100% vegetal poco saludable.

Es curioso lo fácil que se acepta la mentira de que la alimentación vegetariana es insuficiente, y las pegas que se le ponen a aceptar la verdad que dicen todos los nutricionistas de que se consume demasiada carne. Es un ejemplo de disonancia cognitiva.

Las personas solemos creernos lo que viene mejor a nuestra comodidad, simplemente, pero los números no mienten.

En los vegetales hay variedad para todo; quien quiera justificar el comer muchos animales en alguna deficiencia de los vegetales, se está engañando a sí mismo o simplemente está poco o mal informado.

Os remito a la sección sobre proteínas de este mismo libro para más información, y relacionado con ello vamos a ver los distintos tipos de dietas con conciencia (por cierto, que los hongos no son vegetales pero por simplificación se suelen considerar como tales en alimentación y así hago en este libro):

-Vegetarianismo (tradicional), también llamado (para dejarlo más claro) ovolactovegetarianismo: admite, además de vegetales, huevos y leche (y sus derivados).

-Pescetarianismo: ovolactovegetarianismo que añade pescado y marisco a la dieta.

-Pollopescetarianismo: pescetarianismo con el añadido de carne de aves; únicamente prescinde de mamíferos.

-Flexitarianismo: vegetarianismo que admite salirse en ocasiones de la norma, por ejemplo cuando se come fuera de casa.

-Veganismo: parecido a lo que sería un vegetarianismo estricto pero que prescinde de todo alimento de procedencia animal, incluso por ejemplo de la miel. El crudiveganismo ni siquiera cocina los alimentos.

Todas esas formas de alimentarse, excepto el veganismo, pueden conllevar un gran sufrimiento animal... no olvidemos que una de las industrias más insensibles con los animales es precisamente la de producción de huevos en jaula, pues mantienen a las gallinas en espacios ridículamente reducidos y en los que las pobres gallinas no pueden efectuar casi ninguna de sus necesidades básicas como aletear, escarbar la tierra o el propio hecho de apartarse a poner un huevo tranquilamente.

Pero todas esas formas de alimentarse pueden tener su correspondencia eticariana, como el "vegetarianismo ético" (eticovegetarianismo) en el que además de vegetales se consumen huevos y leche pero siendo los huevos camperos o ecológicos y la leche ecológica.

Como sería incongruente adoptar una dieta así y no tener en consideración otras formas de maltrato animal, debemos:

-**Informarnos en general**. Debemos tener en cuenta que nuestra forma de consumir tiene repercusiones hasta allá de donde vienen los productos, y debemos saber mirar más allá de lo evidente: comprar algo tan simple como unas galletas puede parecer muy inocente pero podemos echar un vistazo a sus ingredientes y preguntarnos si lo que contiene es ético. Es muy común por ejemplo el uso del aceite de palma (que además es una de las peores para la salud, y peor aún si es palmiste que entonces está hidrogenada), y resulta que las plantaciones de palma están causando estragos en bosques tropicales y están condenando a muchas especies como los orangutanes a la extinción. Debemos negarnos a consumir aceite de palma, a menos que tenga certificado de sostenibilidad.

O es posible que estemos favoreciendo incluso la explotación de personas. Hay que hacer notar, desde luego, que al proteger la naturaleza no debemos olvidarnos de las personas: cuando se piensa por ejemplo en la protección de determinada especie en determinado lugar, se tiende a olvidar que en ese lugar a menudo también hay personas que a menudo no tienen una vida tan buena como la nuestra; y pedirle a alguien que pasa hambre y otras necesidades que no corte árboles o no mate a determinados animales para subsistir es un disparate. Hay que pensar también en el bienestar de la gente. Todo está relacionado. Y lo bueno es que la misma protección de la naturaleza puede ser una fuente de beneficios. La base está en que se hagan bien las cosas y en el equilibrio... se me acuerdan por ejemplo la cantidad de carreteras que se hacen, y el que unas cuantas son absolutamente innecesarias o pasan por lugares inadecuados, suponiendo despilfarros de dinero y conformando una especie de muros de Berlín que muchos animales necesitan cruzar y se convierten en trampas mortales.

-Adoptar en lugar de comprar, o en cualquier caso tratar bien y atender las necesidades (incluyendo de espacio, por supuesto) de nuestras mascotas. Nunca regalar mascotas.

-Evitar prendas fabricadas con pieles de animales. Esto es muy sencillo y el sector peletero es de los más cruentos con los animales, así que no olvidéis aseguraros de no vestir pieles.

-No acudir a espectáculos con animales. Los animales no quieren actuar, no está en su naturaleza; dejémoslos tranquilos. Los niños no necesitan ver a un animal encerrado haciendo cosas "graciosas" para cogerle cariño, puede bastar con una película de Walt Disney (y no lo digo como broma, pues apuesto a que merece incluso un Nobel de la Paz a título póstumo por toda la sensibilidad hacia los animales que han transmitido y transmiten sus creaciones y su legado).

-No comprar productos testados en animales. Podéis conocer marcas libres de sufrimiento en sitios de internet como "Cruelty Free". En cuanto a la investigación médica con animales, poco podemos hacer y en algunos casos el beneficio parece justificar el daño... pero la tendencia debe ser sustituir las prácticas con animales por otras como por ejemplo con células madre. Hay mucho exceso también y debemos manifestar como mínimo nuestro rechazo a prácticas abusivas, repetitivas (prácticas de estudiantes, por ejemplo) o innecesarias (que son muchas más de las que creemos, pues se hacen experimentos tan estúpidos como separar a un hijo y madre monos solo para demostrar y documentar que, como es lógico, sufren por ello). Además, todos esos experimentos en animales deben hacerse luego también en humanos y muchos podrían hacerse directamente en humanos, que de hecho suele haber voluntarios.

-No consumir nada que tenga procedencia de trabajos en los que se explote a personas, forma de producción además claramente relacionada con perjuicios a los animales y al medio ambiente en general.

-Apoyar a asociaciones ecologistas, como Greenpeace, PETA o WWF; o al partido PACMA.

-Actuar. Puede ser tan simple como firmar peticiones en redes sociales o escribir a una empresa pidiendo que disponga hamburguesas veganas como opción o que deje de comercializar algún producto animal. Que se sepa y se note que estamos ahí, y que los animales importan. Así, por ejemplo, se consiguen cosas como que en agosto de 2014 la mayor empresa de alimentación del mundo anunciara un compromiso adquirido con una ONG de protección animal, para imponer a sus granjas suministradoras unas mejoras en el trato a los animales... imperfectas pero mejoras al fin y al cabo. Así se avanza, pasito a pasito.

-Regalar concienciación: Libros o documentales, o artículos de los que venden las asociaciones ecologistas. Así, además del detalle que puede servir para concienciar, estamos ayudando a personas que promocionan el ecologismo.

- ....

Continuamos con algunas dudas que pueden surgir al hacerse eticariano/a, porque curiosamente nuestros amigos y familiares de pronto van a poner mucha atención en cómo comemos y estarán atentos al más mínimo desliz para echárnoslo en cara... tal vez para así sentirse mejor con ellos mismos porque en el fondo comparten que matar animales, aunque sea indirectamente, no está bien.

Habrá también quien eche en cara que también matamos insectos con el simple caminar... y al respecto voy a transcribir una especie de chiste que leí en internet y del que no puedo poner la autoría porque la desconozco:

"Pensé en hacerme vegano, pero aún así continuaría pisando insectos accidentalmente. Así que la solución, ya que no puedo ser perfecto, es cortarle el cuello a pollos, cerdos, vacas, ... además de pisar insectos, lógicamente".

Se entiende la ironía.

¿Qué hacer si vamos a un restaurante o nos invitan a una comida? ¿Qué pasa con la caza? ¿Y con las plagas? ¿Cómo alimentamos a nuestras mascotas? ¿Qué hacemos en nuestro negocio, si trabajamos con productos de animales o incluso con animales? ¿...?

Naturalmente, nada es blanco o negro sin más... y con esta dieta también surgen controversias.

La dieta eticariana pretende ser algo más o menos fácil de llevar. No es perfecta, pero **siempre es mejor comer menos carne y que ésta proceda de animales con una vida más o menos digna, que no hacer nada porque el vegetarianismo estricto nos parece imposible**. En esa línea debemos responder a estas y otras preguntas que surjan.

¿Podemos alimentar a nuestras mascotas de forma equilibrada sin recurrir a piensos que contienen animales? Pues puede no ser fácil, porque los piensos veganos no son ni baratos ni accesibles... pero no es una prioridad, porque los piensos para animales usan en general sobras de la producción para personas, no es que se sacrifiquen animales para alimentar a nuestras mascotas.

¿Es la caza el equivalente a la pesca sostenible en animales no acuáticos? La caza no es un deporte (nombre que le ponen para adornar un poco la cosa y asegurarse subvenciones), es salir a matar animales... ahora bien, se podría admitir que bien hecha no tendría porqué ser peor que el sacrificio de animales de granja. Sin embargo, la caza es una actividad violenta que demasiado a menudo lleva asociado, entre otras cosas, maltrato de perros (para los cazadores, demasiado a menudo, un perro no es más que una herramienta), dejar animales heridos o matanzas excesivas o de especies no cinegéticas.

En cuanto a las plagas o animales que nos supongan un peligro, por supuesto que podemos y debemos defendernos... pero tenemos que buscar la forma de defendernos que menos sufrimiento o perjuicios a terceros cause; y lo primero es preguntarse si de verdad tenemos que defendernos o basta con pasar: por ejemplo, hay quien se toma auténticas molestias en matar pajarillos porque comen las cerezas de sus árboles, para luego coger un solo cubo de ellas.

¿Dejamos de usar productos de animales en nuestro negocio, si se necesitan? Tal vez solo conseguiríamos perjudicarnos a nosotros mismos, porque quien consume eso se iría a otro sitio y ya está. Quizás lo más que podemos hacer en nuestros trabajos es tratar de concienciar y, si es posible, ofrecer también productos eticarianos....

Si convivimos con una persona que no quiere seguir nuestra dieta ¿Podemos comer, por ejemplo, los garbanzos de un cocido que también lleva ternera? ¿Incluso podemos comernos la ternera si es que de no hacerlo terminaríamos por tener que tirarla? **Lo importante es que nuestra forma de alimentarnos no "tire" de la cadena alimentaria de forma que repercuta en los animales**... si quien nos acompaña se iba a comer en cualquier caso esa ternera, en nada repercute que nosotros nos comamos los garbanzos de al lado; y si se dieran las circunstancias de que de no comerla nosotros hubiera que tirarla... pues supondría para colmo una muerte en vano. Es una de esas ocasiones que no debemos usar como excusa para comer carne, pero a criterio personal queda tomar la decisión excepcional de consumirla.

¿Qué hay de usar animales para trabajar? Referido por ejemplo a caballos y otros animales que son ya especies domesticadas, y no a espectáculos u otros usos con animales que debieran estar en libertad.

Las especies domesticadas, difícilmente podrían ya subsistir sin nuestra intervención... y antes de seguir: no es válido el argumento de que si dejan de consumirse o usarse animales de granja, éstos se extinguirán (argumento muy usado también para justificar la tauromaquia), pues ya hay personas que tienen a estos animales como mascotas, y además ¿Quién querría nacer para sufrir hasta morir?   / Sigamos: el límite entre trato digno e indigno es difuso, pero puede no haber nada malo en que un animal ayude en un trabajo (también nosotros tenemos que trabajar) ya que proporcionamos a ese animal alimento, seguridad y cobijo... y digo que puede no haber nada de malo siempre y cuando ese animal tenga también su espacio para disfrutar, sus horas de descanso, no sea forzado cuando esté cansado, tenga compañía, etc.

Y en cuanto a la primera pregunta que planteaba, que supone seguramente la mayor complicación de una dieta así una vez que nos hemos acostumbrado a ella... con los amigos es tan fácil como explicárselo antes y, si son amigos de verdad, no tendrán problema en cocinar algo para nosotros con lo que respeten nuestra dieta. Y en cuanto a comer en restaurantes, muchos ya disponen de opciones eticarianas; en los que no, es bueno hacerles saber nuestra forma de comer... que se sepa que estamos ahí para que nos tengan en cuenta; y raro será que en un restaurante no tengan alguna forma de adaptar un plato a nuestra forma de comer; si se niegan, el restaurante no vale la pena....

Y **en todos los casos de controversia, una regla de oro: ser firmes, pero no discutir ni ser pesados**.

Es importante la parte del "mensaje", de que sea visible que nuestra decisión es seria, de que se puede: en público es el peor momento que podemos escoger para hacer una eventual excepción en nuestra dieta, porque cualquier desliz será usado en nuestra contra y contra aquello que defendemos.

Está bien que expliquemos nuestra dieta y el porqué de ella si se nos da una oportunidad no forzada, porque somos el ejemplo y es bueno si animamos a que alguien más la siga, pero de donde no hay no se puede sacar y enfadarse o ponerse pesados con alguien que no comprenda buenamente, solo puede servir para que igualmente pase de la dieta y además nos tengan por personas inadaptadas o algo así, o perdamos el tiempo discutiendo en cualquier caso. Nos encontraremos con personas que incluso se burlarán de nosotros, casos en lo que hay que aplicar aquello de "a palabras necias, oídos sordos"; y tendremos que dar muchas explicaciones y escuchar muchas "disculpas" ilógicas para intentar desmontar nuestra dieta y justificar la clásica... tales como -eso de que a los animales de ganadería ecológica los tratan bien "es lo que dicen"-, como para decirnos que es un fraude, pero solo es un ejemplo más de que la gente está dispuesta a creerse cualquier cosa que respalde su dieta y ninguna que la ponga en duda, pues con ese mismo razonamiento podrían ponerse a dudar de si el agua mineral es realmente de manantial o de un reguero, o de cualquier otra cosa. O nos dirán que dejar de comer carne es demasiado drástico, pero drástica es la muerte... y de nuestra parte habrá una poca menos; porque, efectivamente, además del mensaje estaremos reduciendo directamente el sufrimiento en el mundo.

Otro argumento típico para justificar el comer carne se hace diciendo que "es que la vida es así, también el león se come a la gacela y ¿Es malo por ello el león?".

Es fácil sucumbir a esa argucia, pero si la analizamos mejor se cae: El león necesita comer carne para sobrevivir, nosotros no; y ¿Por qué nos comparamos al león con su alimentación y no con otras de sus costumbres como dormir a la intemperie?

*Nota: Todos los argumentos pretendo que dejen claro que el veganismo es posible y recomendable: porque solo hay una razón para comer animales, y es el sabor... y solo hay una razón por la que nos quieren hacer creer que hay otras, y es el dinero. Pero no me olvido de que la dieta eticariana que propongo como alternativa, para hacerla más accesible, admite la carne... eso sí, ya sabemos: con condiciones. Somos personas, no animales carnívoros, e incluso si decidimos comer carne podemos hacerlo de una forma más civilizada que la que impera. Lo que se le hace a los animales de consumo en general es horrible.

La dieta eticariana tiene margen de mejora, y podemos llevarla tan lejos como queramos hasta ya adentrarnos en el veganismo.

Seguramente, por cierto, nos llegarán en el futuro próximo buenas noticias para el paladar: en agosto de 2013 se presentó la primera hamburguesa de laboratorio, formada a partir de un cultivo de células madre. De momento fue algo muy costoso y no del todo satisfactorio, pero la cosa promete, y es de esperar también leche sintética. De hecho, avances científicos como esos parecen en realidad la mayor esperanza para los animales, ya que las personas que se niegan a dejar de comer animales seguirán siendo muchas.

Dejadme continuar diciendo que creo que al ecologismo le falta moderación. A menudo se quiere empezar la casa por el tejado y por eso a muchos ecologistas se les cuelga la etiqueta de radicales.

Por ejemplo: los ecologistas piden la abolición de toda la tauromaquia en España, y si un político decía de prohibir el "Toro de la Vega" y no las "Corridas de toros" (porque si dijera de prohibir las "corridas" posiblemente se estaría asegurando el no salir elegido y entonces ni siquiera podría aplicar el resto de su programa y ¿De qué serviría?), los ecologistas en vez de apoyar la propuesta pasaban al ataque criticándolo con un "o todo o nada", en beneficio de quien había optado por el nada y había estado callado.... y con estos radicalismos tampoco se anima a que algún partido grande vaya a por el voto de los amantes de los animales.

Paradójicamente, se hace un flaco favor a los animales pidiendo lo máximo para ellos, porque la tauromaquia (y lo mismo para otros asuntos como la caza o el especismo [discriminación basada en la diferencia de especie] en general) en la actualidad es sencillamente imposible de abolir de un plumazo porque hay muchos intereses en ello y, por desgracia, mucha gente que la apoya y la defiende con dinero y poder. Sin embargo, el "Toro de la Vega" sí levantaba ya la suficiente polémica como para prohibirlo, e incidiendo sobre ese caso concreto se consiguió que se aboliera.

El problema para llegar más lejos es que al ecologismo le falta organización, incluso tenemos a animalistas contra animalistas. Los cazadores, por ejemplo, no son ni el 1% de la población española, pero su corporativismo consigue que la caza sea intocable. El porcentaje de personas contrarias al maltrato animal es desde luego abrumadoramente superior, pero sin organización no hay resultados... de ahí la importancia de que nos informemos y seamos activos, apoyando a quien ya tiene cierta infraestructura como las asociaciones ecologistas importantes.

El ecologismo conseguirá mejores resultados cuando sea más inteligente que visceral. Hay que tener en cuenta además que normalmente no se consiguen las cosas con acciones gloriosas de un héroe que cambia el mundo en lo que dura una película... los avances, en la práctica, a menudo llevan aburridos procesos. Hay que pensar en cómo funciona la política y el propio mundo, y no querer ganar la guerra directamente, sin sus batallas.

(Reflexión)

Piensa un rato en los animales.

Ponte mentalmente en su lugar.

Piensa en cómo "Viven" mientras esperan la muerte para que sean comidos después.

Es el infierno en la Tierra.

¿Realmente quieres ser partícipe de eso?

Casi todos los males son una cuestión de ego, culpa de personas que miran sus intereses y bienestar sin importarles lo demás... o que, como mucho, guardan las apariencias con quienes forman parte de ese bienestar y esos intereses particulares, lo cual en definitiva es también algo interesado.

El racismo y el sexismo ya están más o menos superados en los países desarrollados, pero sabemos lo que ha costado avanzar en esos temas y parece ocurrir siempre igual cuando se cuestiona algo que va contra el poder establecido:

Primero se ignora esa verdad, luego se hace burla de ella, luego se genera una violenta oposición (apartheid, por ejemplo) y finalmente se acepta como algo incuestionable... y así debería ocurrir también con el especismo.

Voy a volver al documental "Earthlings" para tomarlo como referencia, y perdonad que me repita sobre algunos detalles.

"Earthlings" se divide en cinco partes-formas en que nos servimos de los animales: Mascotas, Comida, Ropa, Entretenimiento y Ciencia. Cada parte está repleta de escalofriantes imágenes; algunas de casos relativamente aislados contra los que no se hace lo suficiente para que dejen de ocurrir, pero desgraciadamente la mayoría son de prácticas habituales... algunas de países no occidentalizados pero de los que importamos cosas o "nos vamos" allí a hacer las fechorías impunemente.

-Con las mascotas, el problema es que cualquiera (sea o no responsable) puede apropiarse de un animal, y el hecho de ser un negocio se presta a prácticas inadecuadas. Comprando mascotas en tiendas, probablemente estamos participando de que en algún lugar haya madres encerradas cuya vida se reduce a meras máquinas de criar... y desde luego estaremos participando en perpetuar el que haya mascotas encerradas en los pequeños espacios de las tiendas. La opción es comprar directamente a criadores decentes o, mejor: adoptar, de forma que estaremos ayudando a animales realmente necesitados.

-Con los animales como alimento, el problema es que el consumo actual de carne por persona es demasiado alto, lo cual unido a la superpoblación hace que la industria funcione también buscando la superproducción de carne (y huevos y leche), sometiendo a los animales a unas condiciones de vida miserables y sacrificándolos de manera innecesariamente cruel... porque es más barato hacerlo así.

Consumimos la carne y demás en formas que generalmente no nos hacen ni pensar en el animal, y mucho menos en cómo vivió y murió ese animal. Si lo supiéramos, o si tuviéramos que ocuparnos nosotros mismos, nos parecería intolerable y no querríamos ser partícipes... pero la forma en que está montada esta industria es una de esas vendas en los ojos que nos pone la sociedad para que sigamos consintiendo y hasta promoviendo cosas que no están bien.

Las "necesidades" de producción de carne y demás son tales que se han convertido en un problema ecológico de grandes proporciones: la superficie de terreno que se dedica al cultivo para alimentar a los animales de los que comeremos es más que la que se dedica directamente a nuestra alimentación; en Estados Unidos, por ejemplo, el ganado come tanto grano como el necesario para alimentar cinco veces a su población humana, y se estima que hacen falta unos 15 kilos de grano y 15.000 litros de agua para obtener 1 kilo de carne. Otras fuentes citan que son necesarios 9 kilos de proteína vegetal para producir 0´5 kilos de proteína animal; o que si los estadounidenses redujeran un 10% su consumo de carne al año, quedarían disponibles para consumo humano 12 millones de toneladas de grano, suficientes para alimentar a 60 millones de personas.

Está claro: un animal no es solo carne y para que se desarrolle ésta hacen falta muchos recursos…. Alimentariamente la carne es absolutamente ineficiente.

Esta ineficiencia en la producción de carne tiene repercusiones por tanto en el hambre del mundo, pero además en deforestación y en contaminación por desechos. Algunos ejemplos:

Una granja de 2000 cerdos produce a la semana 27 toneladas de estiércol y 32 de orina. Solo en España se matan al año alrededor de 40 millones de cerdos... eso es mucha mierda de la que deshacerse.

En Estados Unidos los animales de granja generan diez veces más excrementos que los humanos.

Cada vaca genera al día, como subproducto de la digestión, un volumen de unos 200 litros de gas metano. Hay 1500 millones de vacas en el mundo, que contaminan más que todo el sector del transporte porque el metano es mucho peor que el dióxido de carbono en cuanto al efecto invernadero que está subiendo la temperatura de la Tierra. Ese calentamiento está descongelando ya el ártico, que a su vez guarda mucho metano que de liberarse aumentaría aún más (quizás bruscamente) el calentamiento global. De ocurrir así y subir la temperatura media "solamente" unos 6 grados, provocaría una extinción masiva que probablemente no nos dejaría ni qué comer a nosotros y la cadena acabaría en guerras y desolación.

No es ciencia ficción esto.

...y estaba hablando de animales domésticos: a muchas especies salvajes nuestra voracidad las está llevando a la extinción directamente sin falta de calentamiento.

-En cuanto a la ropa, sabemos que mucha proviene de países en desarrollo, donde si no se respeta apenas a las personas no es extraño que sucedan escenas de pesadilla como despellejamientos de animales vivos; por otra parte, en los países desarrollados las condiciones en que se tienen y se sacrifican a los animales de los que se obtendrán las pieles tampoco son dignas.

-El entretenimiento seguramente es el caso más absurdo de uso de los animales, pues es completamente innecesario el sufrimiento al que se los somete. Tenemos las cárceles que son los delfinarios y zoos en general. Tenemos por ejemplo a España con su "Vergüenza Nacional": el toreo, sin duda con implicaciones más allá del triste espectáculo ya que banaliza la violencia, y que para colmo nos quieren hacer pasar por cultura [para así subvencionarlo con dinero de todos]. También por ejemplo los rodeos de Estados Unidos, que no es que tengan toros tan bravos sino que dan las sacudidas que dan porque les aprietan los genitales con una cuerda. Y no nos olvidemos de los circos (e incluso con algunos animales usados en películas), que usan de mala manera animales a los que han enseñado a base de golpe y porrazo.

-Por último, el uso de animales en investigaciones científicas probablemente en algunos casos ha servido para salvar vidas (también de otros animales, sí), pero también hay mucho de rocambolescas pruebas que no tienen otra utilidad que provocar sufrimiento, porque en muchos casos se sabe de antemano que no servirán para nada ya que o no van a aportar avances significativos o igualmente van a tener que repetirse en humanos porque lógicamente no es exactamente igual un animal que una persona. Además, en muchos casos simplemente se reproducen experimentos ya hechos, para estudiantes en prácticas, o se usan como una especie de coartada para defender el uso de un producto que se quiere comercializar.

En mis comentarios con la referencia de "Earthlings" he suavizado el mensaje del documental. Hay que admitir que éste es, para cada consideración, más "radical" de lo que yo estoy dando a entender en mis comentarios.

Lo he suavizado deliberadamente, porque como ya he dicho sé que al ecologismo muchas veces le juegan malas pasadas las posturas consideradas "extremas" (aunque en realidad no lo sean):

Supongamos una graduación del 1 al 10 en la medida de protección para una especie, por ejemplo, donde 1 es que no se la respeta en absoluto y 10 es que se la tiene a la altura de las personas. Bien, pues un ecologista concienciado a menudo pide de inmediato que la protección sea de grado 10... y así probablemente solo conseguirá que ni se le escuche, que se le ignore o ridiculice como decíamos al principio sobre las fases.

No hay atajos... si la abolición de la esclavitud y la igualdad de sexos requirió cientos de años (y aún quedan aristas que pulir), el respeto a los animales aún está en inicios y hay que ir por pasos.

No obstante, por otra parte, es bueno que "se nos muestren" también esos "extremos" para ir adoptando posturas intermedias quienes ya tenemos algo de conciencia. Por eso, debemos dejarnos impactar por "Earthlings".

Como inciso, me gustaría hacer una reflexión: Somos ya más de 7.000 millones de personas en la Tierra. La población se ha duplicado en menos de 50 años. Es evidente que a más gente mayor aceleración de crecimiento poblacional... y es evidente que estamos condenados al desastre, porque además históricamente somos muy lentos cambiando. Incluso, fijaos qué perspectiva: en 1950 había 2.500 millones de personas, y 7.400 millones en 2016; suponiendo que en 1950 el 90% de la población fuera irrespetuosa con el medio ambiente y en la actualidad solo lo fuera el 30%, aún tendríamos ahora tanta gente irrespetuosa como entonces... y seguramente he sido generoso con los porcentajes.

Ante este panorama, hay dos formas de tomárselo: la fácil es negar el cambio climático (no necesariamente "calentamiento global" porque afectará de distintas formas en distintos lugares y momentos) y demás y seguir actuando irresponsablemente o incluso desenfrenadamente ("de perdidos, al río").

La otra forma de tomárselo es conservar un hilo de esperanza y tratar de hacer la vida más digna en la Tierra mientras dure... al menos para que quede algo.

La cosa pinta muy mal si no cambian mucho las cosas: harían falta acciones contundentes.... Pero no debemos desalentarnos ¿O acaso no combatimos por ejemplo la enfermedad aún a sabiendas de que finalmente moriremos? Mientras hay vida, hay esperanza, y debemos hacer que la vida sea lo mejor posible. Si en un desastre mueren miles de seres, no hay que rendirse: debemos molestarnos por los que queden.

Todos sabemos (o ahí está internet, por ejemplo, para informarnos mejor) cómo reducir nuestro daño al medio ambiente... ahora falta que lo apliquemos. Es necesario que nos dejemos empapar de información que nos abra la conciencia, como la que nos aportan esos documentales y libros que he mencionado.

Cerrar los ojos a la realidad tal vez nos ahorra ciertos sufrimientos, pero cuando abrimos los ojos y hacemos algo al respecto la recompensa es mayor que el sufrimiento.

A veces es desalentador "ver", pero es necesario. La felicidad perpetua es una utopía; por mucho que nos escondamos, no vamos a ser felices siempre... así que abramos los ojos y démonos momentos de felicidad viviendo conforme a lo que nos dicta la conciencia.

Un inciso más: sobre las religiones, en general obsesionadas con la superioridad del hombre (literalmente, ya que además suelen ser machistas) lo cual tiene sus efectos contra los animales. Pienso que el mundo sería mejor sin religiones, pero bien puedo estar equivocado y el mundo podría ser mejor con religiones... pero con religiones que promovieran realmente el respeto en todas sus formas, antes que los intereses o las ocurrencias de quienes las manejan para manipular a las masas.

Al respecto del tema que nos ocupa, fijaos en la diferencia: por ejemplo los judíos tienen la ocurrencia de que los animales deben estar plenamente conscientes al desangrarlos y se deben sacrificar mirando al Este (¡Qué cosas!), mientras que un llamamiento del Dalai Lama desplomó el comercio y uso de pieles de animales entre los budistas e incluso muchos las quemaron a pesar de que con ellas podrían haber obtenido el salario de meses de su trabajo.

Los líderes religiosos pueden, de un plumazo, evitar mucho sufrimiento... a ver si se aplican.

Siguiendo con la referencia de "Earthlings" os paso (y complemento entre paréntesis) las "Soluciones" a los temas que trata:

-Mascotas: No comprar, adoptar. Esterilizar a nuestras mascotas.

(Y cuidarlas bien y tenerlas en sitios adecuados, por descontado. Para venderlas, deberían tenerse lugares adecuados... con espacio suficiente y condiciones dignas, y para comprarlas se deberían pasar test psicológicos serios)

-Comida: Hacerse vegano [es decir, evitar todo producto de procedencia animal; incluyendo por ejemplo la miel].

(Este libro está dedicado principalmente a este aspecto, así que no hay mucho que pueda añadir en este punto. Las condiciones en que viven y se sacrifican los animales destinados a consumo humano están legisladas en la Unión Europea buscando reducir el sufrimiento, pero aún queda mucho margen de mejora... y cualquiera puede aportar su granito de arena con la dieta eticariana)

-Ropa: Evitar prendas fabricadas con pieles de animales.

(Así de sencillo. Las pieles de animales son un capricho que causa mucho sufrimiento. Y no digáis tampoco a quienes lleven abrigos de piel que están guap@s o elegantes ;-))

-Entretenimiento: Rechazar participar, y por tanto rechazar dar sustento, a entretenimientos con animales incluyendo circos, zoos, etc..

(Los múltiples maltratos a toros en nuestro país [¿Por qué se le tendrá tanta manía a este animal en España?], por ejemplo, no son arte por mucho que se empeñen en darle un atributo honorable... porque por esa regla algunos asesinos también asesinan con mucho "arte".... En cuanto a los zoos, el tema tiene doble rasero porque pueden (deberían) también jugar un papel en la conservación de algunas especies y en la formación de empatía de niños hacia animales; pero debemos al menos no visitar exposiciones con espacios insuficientes o en malas condiciones y rechazar la parte de los zoos en que se hacen espectáculos con los animales)

-Ciencia: No comprar productos testados en animales. No dar soporte a investigaciones que usen animales.

(Algunas marcas de cosméticos, por ejemplo, indican que no usan animales en sus estudios: esas son las que nos gustan. En cuanto a las investigaciones con animales, es un asunto controvertido pero por lo menos debemos manifestar nuestro rechazo a los excesos o prácticas no estrictamente necesarias. Echad un vistazo a los listados "Cruelty Free" y otros para saber de las compañías "libres de crueldad")

Tampoco estará de más que hagáis donaciones a organizaciones como Greenpeace, PETA, WWF o PACMA, para que puedan hacer más fuerza.

Si no consumimos (en el sentido amplio de la palabra) mascotas, comida, ropa, entretenimiento o productos en general que conlleven diferentes formas de maltrato animal, esos productos dejarán de tener interés económico y dejarán de usarse animales así.

Actúa como si lo que haces marcara la diferencia... y así, entre muchos, al final se hará la diferencia.

Me acerco al final y quiero hacer hincapié en el libro **"Liberación animal", de Peter Singer**, seguramente el libro definitivo antiespecismo, pues sus argumentaciones son irrefutables.

Es un libro absolutamente recomendable para ahondar en lo tratado en éste. Tiene partes duras, pero en general se lee bien... no "echa para atrás" tanto como pueda hacerlo el documental "Earthlings", así que no voy a hacer un comentario extenso sobre él: LEEDLO.

Y no quiero dejar de transcribir dos grandes citas de dos grandes pensadores que ya hace mucho dieron la cara por los animales, más un par de frases de dos auténticos "Jesucristos" modernos:

Jeremy Bentham (1748-1832, Gran Bretaña):

"¿Hay alguna razón para que se permita que atormentemos a los animales? Yo no veo ninguna... Ha habido épocas en que la mayor parte de la especie humana, bajo la denominación de esclavos, ha sido tratada del mismo modo... como ahora se trata todavía a las razas inferiores de animales. Quizá llegue el día en que el resto de los animales adquieran los derechos de los que nunca pudieron ser privados excepto por la mano de la tiranía. Los franceses ya han descubierto que la negrura de la piel no es razón para abandonar a un ser humano al capricho de su torturador. Quizá llegue el día en que se reconozca que el número de patas, la pilosidad de la piel o la terminación del hueso sacro son razones igualmente insuficientes para abandonar a un ser sensitivo al mismo destino.... Un caballo adulto o un perro pueden razonar y comunicarse mejor que un infante de un día o de una semana o incluso de un mes. Pero la cuestión no es ¿Pueden razonar? o ¿Pueden hablar? sino ¿Pueden sufrir?"

Arthur Schopenhauer (1788- 1860, Alemania):

"La conmiseración con los animales está íntimamente ligada con la bondad de carácter, de tal suerte que se puede afirmar que quien es cruel con los animales no puede ser buena persona. Una compasión por todos los seres vivos es la prueba más firme y segura de la conducta moral correcta"

Mahatma Gandhi (1869-1948, India)

"La grandeza de una nación puede ser juzgada por el modo en que trata a los animales"

Martin Luther King (1929-1968, Estados Unidos)

"Si supiera que el mundo se acaba mañana, incluso hoy plantaría un árbol" *(Ésta expresa muy bien la idea de la "resignación activa" a la que me refiero más adelante)*

Para finalizar... ¿Habéis oído hablar de "La Sexta Extinción"? Al parecer ha habido cinco grandes extinciones a lo largo de la historia de nuestro planeta, por ejemplo por cambios climáticos o el famoso choque de un gran meteorito con la Tierra... y estamos ya viviendo la sexta extinción masiva de criaturas terrestres, y ésta es directamente por nuestra culpa.

Habrá quien piense ¿Y por qué va a ser peor esta extinción que las otras? pero ¿Acaso no consideramos peor un asesinato que una muerte natural?

Se estima que se extinguen decenas de miles de especies al año, algunas sin que siquiera las hayamos llegado a conocer; cada una de ellas es algo irrecuperable y profundamente triste que desaparezca, y cuando pensamos en ese panorama, en el desenfrenado crecimiento de la población humana, en que cada año se abandonan decenas de miles de perros solo en España, en que se sacrifican 600 millones de pollos al año también solo en nuestro país, etc... es fácil caer en el desánimo e incluso en la desconsolación.

Se nos hace pequeño el que nosotros ayudemos a unos pocos perros o no comamos carne, nos sentimos deprimidos a menudo al pensar en que cada segundo que pasa millones de animales están sufriendo sin que podamos hacer algo....

Y ni siquiera es que haya una especie de confabulación contra lo animales, en realidad es aún peor: ahí están las guerras, la prostitución obligada y otras muchas cosas horribles sin falta de salirse de la especie humana... y en algunos países suceden con tanta impunidad como ocurre en el nuestro con los animales.

Las religiones tratan de imponer sus ideas, que ni siquiera son mejores que las que ofrece la filosofía sin imposición; y en uno y otro caso tenemos opciones de pensamiento, pero no certezas... Ni siquiera la ciencia da respuestas a algunas grandes preguntas sobre la vida.

A mí solo se me ocurre una cosa para asimilar ese devastador panorama del que hablo en los párrafos anteriores, y no es que se extinga la raza humana como proponen algunos radicales: los humanos podemos ser lo peor pero también lo mejor.

Lo que se me ocurre es algo así como una **"resignación activa"**. Nuestra capacidad es limitada, no somos dioses, por tanto no tiene sentido martirizarnos por aquello sobre lo que no podemos intervenir, porque con el desánimo no solo no solucionamos los problemas sino que nos bloqueamos y no participamos en paliarlos. Así que **hasta ahí la parte de resignación: no podemos con todo. Pero sí debemos ser <u>activos</u> con lo que podamos**: no malgastar papel (al que a menudo se le da poca importancia pero son árboles que dan vida) u otros recursos, ayudar a un perro que encontremos abandonado, comer de forma eticariana o vegana, colaborar con asociaciones ecologistas, no comprar productos testados en animales, no vestir pieles, no acudir a espectáculos con animales, participar en campañas (aunque sean simples firmas en internet) contra las distintas formas de especismo, etcétera.

Incluso haciendo así, debemos tener cuidado de no obsesionarnos: por mucho que hagamos siempre puede parecernos que aún podríamos hacer más. Pero no hay otro camino, porque tampoco seríamos felices actuando de manera contraria a nuestros principios. Si no vestimos pieles, por ejemplo, ya podemos estar seguros de no estar participando de esa parte de la explotación animal, y con los demás asuntos igualmente debemos buscar el nivel en el que estemos tranquilos... y a vivir.

IDEAS PARA HACER EL CAMBIO

La dieta eticariana permite cocinar prácticamente lo mismo que la tradicional, pues tenemos a nuestra disposición de casi todo en su forma ecológica o semejante, pero debemos reducir el consumo de animales al mínimo y alimentarse sin comer productos de procedencia animal es posible incluso sin renunciar a la textura de la carne y el buen sabor (cosa que echaríamos de menos sobre todo al principio). Es más, nuestro paladar se habitúa a la forma en que comemos y llegaremos a disfrutar de platos vegetales tanto como lo hacíamos de los animales... y con mejores digestiones, más salud y mejor conciencia.

Como probablemente la dieta eticariana sea una transición hacia el vegetarianismo ético o hacia el veganismo, o incluso para poder mantenernos en ella sin ceder, a muchas personas les resultará más fácil si pueden comer más o menos de la misma forma que comían pero sin afectar a los animales.

Comer hamburguesas, albóndigas, salchichas, filetes, etcétera, sigue siendo posible solo con vegetales, no en vano buena parte del sabor de las carnes se lo dan las especias y otros condimentos que se les añaden.

El cambio supone que al principio podríamos no saber en ocasiones ni qué comer, y tiene un problema añadido que son las prisas de hoy en día, pero no olvidéis que muchas comidas más elaboradas podéis congelarlas para que sean comida rápida cuando os haga falta.

La primera idea es que le echéis imaginación y que no os olvidéis de experimentar. Variad las proporciones de los ingredientes, cambiad unos por otros, ... Lo importante es que acabéis por disfrutar comiendo.

Probad la soja texturizada como sustituto de la carne. Es muy versátil. A esta soja se la hidrata y se le da sabor con el mismo volumen de caldo que de ésta.

Los garbanzos son también muy versátiles en la cocina vegetariana. Su harina, con agua, puede servir como sustituto del huevo en una tortilla de patatas. Cocidos los podemos aplastar y hacer albóndigas con ellos... o nos los podemos comer en un sencillo sofrito con ajo y aceite y de muchas otras formas.

Se pueden cocer algas, por ejemplo Kombu que es de las suaves, para dar con ellas sabor de pescado por ejemplo a la soja texturizada.

Cada vez hay más opciones eticarianas para comer rápido (arroz precocido, cebolla prefrita, palitos de cangrejo de pesca sostenible, mayonesa con huevos camperos, setas y verduras deshidratadas, etc, etc) no dejéis de dedicar un tiempo a mirar bien las estanterías de los supermercados y tiendas, para saber lo que tenéis a mano y para tener una base para ideas. Los ingredientes menos habituales siempre podéis pedirlos por internet si no los encontráis cerca de casa.

Recordad que la harina Tempura es un estupendo sustituto vegano del huevo, para rebozados.

Probad las leches vegetales; las hay de soja (la que además tiene calcio seguramente es la más parecida a la leche normal), almendras, avena, arroz, coco, ... Alguna seguramente os guste, o todas, y con cacao o café algunas apenas las distinguiréis de las leches auténticas.

Hay sustitutos vegetales para la nata y el queso; probad hasta que encontréis alguno que os satisfaga. En algunas recetas podéis probar con el puré de patata como sustituto del queso, por ejemplo hidratando el puré con leche ecológica.

Podéis hacer "paté" especiando puré de patata o garbanzos, por ejemplo.

Recordad que casi todas las salsas que llevan algún producto animal tienen su versión vegana, por ejemplo sustituyendo la leche normal por leche de soja.

¿Qué tal un calabacín a la plancha con mezcla de pimientas molidas, ajo y aceite? ¿Setas salteadas? ¿Coliflor cocida acompañaba de huevo campero frito, o rebozada? ¿Romanescu cocido, con sofrito de ajo y pimentón?

El chocolate negro no lleva leche, y es más sano.

Buscad recetas en internet, las hay a cientos. Algunas incluso no os funcionarán (las del libro "Cocina eticariana" están todas probadas), pero cogeréis ideas.

EL CUENTO DE LAS PROTEÍNAS...

O

LAS CUENTAS DE LAS PROTEÍNAS.

Las proteínas se construyen con aminoácidos, y hay nueve que nuestro organismo no puede producir por sí mismo y debemos consumir directamente... por eso se denominan aminoácidos esenciales. Son: histidina, isoleucina, leucina, lisina, metionina, fenilalanina, treonina, triptófano y valina.

El cuerpo necesita esos aminoácidos, pero no es necesario que se consuman al mismo tiempo ya que el hígado puede almacenarlos. Con completar aminoácidos a lo largo del día es suficiente.

Las necesidades de proteína son de aproximadamente 0´8 gramos por kilogramo de peso y día. Así, una persona de 70 kg debería consumir al día unos 56 gramos de proteínas.

El metabolismo y demás de las proteínas da para un libro de nutrición, pero creo que con los datos que estamos comentando es suficiente para entender lo que necesitamos.

La carne, pescado, huevos y leche tienen todos los aminoácidos esenciales; los vegetales, sin embargo: *en muchos casos cada vegetal individualmente es deficiente en algunos aminoácidos.*

No obstante esa propaganda de que los productos animales nos cubren por sí mismos de proteínas, siendo cierta olvida recordar que el exceso de proteínas también es perjudicial, o que una dieta basada en productos animales nos llenará de sustancias nocivas como el colesterol y nos privará de otras beneficiosas que debemos buscar en los vegetales.

Una dieta totalmente vegetal nos cubre de todo lo que necesitamos; la clave está en la variedad y en el equilibrio. Nadie se va a alimentar solo a base de zanahorias, por muy vegetariano que sea, y si la dieta vegetal es variada ni se tendrá que preocupar de contar proteínas, porque las combinaciones para completar aminoácidos esenciales son tan sencillas como por ejemplo cereales con legumbres... o incluso ni eso como podemos apreciar al ver los contenidos en aminoácidos de algunos vegetales.

En las dietas a base de vegetales, debido a las deficiencias de ciertos tipos de aminoácidos en según qué plantas, se suele recomendar una ingesta de proteínas de 1 gramo por kilogramo de peso y día... y a olvidarnos del asunto.

Como dicho así puede sonar más complicado de lo que es, vamos a ver algunos ejemplos, en miligramos de aminoácido por cada 100 gramos de producto, para hacernos una idea y poder comparar:

SOJA

Ácido aspártico 3990. Leucina 2840. Ácido glutámico 6490. Lisina 1900. Alanina 1530. Metionina 580. Arginina 2360. Prolina 1820. Cistina 590. Serina 1690. Fenilalanina 1970. Tirosina 1250. Glicina 1420. Treonina 1490. Hidroxiprolina 0. Triptófano 450. Histidina 830. Valina 1760. Isoleucina 1780.

GARBANZOS

Ácido aspártico 2444. Leucina 1572. Ácido glutámico 3634. Lisina 1479. Alanina 891. Metionina 280. Arginina 1598. Prolina 858. Cistina 302. Serina 1076. Fenilalanina 1036. Tirosina 710. Glicina 864. Treonina 753. Hidroxiprolina 0. Triptófano 172. Histidina 570. Valina 1058. Isoleucina 1231.

TRIGO (harina)

Ácido aspártico 398. Leucina 702. Ácido glutámico 3318. Lisina 191. Alanina 303. Metionina 147. Arginina 347. Prolina 1221. Cistina 208. Serina 502. Fenilalanina 467. Tirosina 286. Glicina 398. Treonina 277. Hidroxiprolina 0. Triptófano 104. Histidina 181. Valina 416. Isoleucina 372.

ARROZ

Ácido aspártico 657. Leucina 556. Ácido glutámico 1330. Lisina 244. Alanina 421. Metionina 143. Arginina 480. Prolina 354. Cistina 93. Serina 345. Fenilalanina 328. Tirosina 219. Glicina 345. Treonina 236. Hidroxiprolina 0. Triptóano 76. Histidina 143. Valina 412. Isoleucina 286.

PATATA

Ácido aspártico 430. Leucina 140. Ácido glutámico 460. Lisina 130. Alanina 110. Metionina 30. Arginina 120. Prolina 110. Cistina 20. Serina 100. Fenilalanina 100. Tirosina 80. Glicina 120. Treonina 90. Hidroxiprolina 0. Triptófano 30. Histidina 40. Valina 130. Isoleucina 100.

TOMATE

Ácido aspártico 113. Leucina 28. Ácido glutámico 314. Lisina 27. Alanina 24. Metionina 7. Arginina 17. Prolina 15. Cistina 0,93. Serina 26. Fenilalanina 22. Tirosina 11. Glicina 17. Treonina 21. Hidroxiprolina 0. Triptófano 6. Histidina 12. Valina 21. Isoleucina 21.

ALMENDRA

Ácido aspártico 2158. Leucina 1238. Ácido glutámico 4083. Lisina 492. Alanina 789. Metionina 229. Arginina 2332. Prolina 764. Cistina 322. Serina 794. Fenilalanina 984. Tirosina 526. Glicina 1158. Treonina 517. Hidroxiprolina 0. Triptófano 144. Histidina 441. Valina 967. Isoleucina 746.

HUEVO

Ácido aspártico 1239. Leucina 1069. Ácido glutámico 1536. Lisina 755. Alanina 755. Metionina 382. Arginina 755. Prolina 500. Cistina 263. Serina 976. Fenilalanina 679. Tirosina 501. Glicina 450. Treonina 602. Hidroxiprolina 0. Triptófano 195. Histidina 280. Valina 950. Isoleucina 789.

LECHE (entera de vaca)

Ácido aspártico 230. Leucina 286. Ácido glutámico 628. Lisina 222. Alanina 103. Metionina 71. Arginina 103. Prolina 270. Cistina 22. Serina 167. Fenilalanina 143. Tirosina 143. Glicina 61. Treonina 127. Hidroxiprolina 0. Triptófano 39. Histidina 76. Valina 191. Isoleucina 175.

POLLO

Ácido aspártico 1957. Leucina 1534. Ácido glutámico 3181. Lisina 1759. Alanina 1241. Metionina 551. Arginina 1198. Prolina 905. Cistina 258. Serina 793. Fenilalanina 784. Tirosina 655. Glicina 1207. Treonina 870. Hidroxiprolina 0. Tiptófano 241. Histidina 523. Valina 1017. Isoleucina 1112.

Ácido aspártico 1664. Leucina 1321. Ácido glutámico 2676. Lisina 1509. Alanina 1055. Metionina 488. Arginina 1046. Prolina 823. Cistina 205. Serina 763. Fenilalanina 669. Tirosina 712. Glicina 977. Treonina 857. Hidroxiprolina 0. Triptófano 205. Histidina 677. Valina 977. Isoleucina 866.

Tablas comparativas de contenido de aminoácidos esenciales por cada 100 g de producto, en gramos:

AMINOÁCIDO ESENCIAL	GARBANZO	TRIGO	ARROZ	PATATA	TOMATE
Histidina	0´57	0´18	0´14	0´04	0´01
Isoleucina	1´23	0´37	0´29	0´10	0´02
Leucina	1´57	0´70	0´56	0´14	0´03
Lisina	1´48	0´19	0´24	0´13	0´03
Metionina	0´28	0´15	0´14	0´03	0´01
Fenilalanina	1´04	0´47	0´33	0´10	0´02
Treonina	0´75	0´28	0´24	0´09	0´02
Triptófano	0´17	0´10	0´08	0´03	0´01
Valina	1´06	0´42	0´41	0´13	0´02

AMINOÁCIDO ESENCIAL	ALMENDRA	HUEVO	LECHE	POLLO	CERDO	SOJA
Histidina	0´44	0´28	0´08	0´52	0´68	0´83
Isoleucina	0´75	0´79	0´17	1´11	0´87	1´78
Leucina	1´24	1´07	0´29	1´53	1´32	2´84
Lisina	0´49	0´75	0´22	1´76	1´51	1´90
Metionina	0´23	0´38	0´07	0´55	0´49	0´58
Fenilalanina	0´98	0´68	0´14	0´78	0´67	1´97
Treonina	0´52	0´60	0´13	0´87	0´86	1´49
Triptófano	0´14	0´19	0´04	0´24	0´20	0´45
Valina	0´97	0´95	0´19	1´02	0´98	1´76

Aunque con palabras se quieran hacer creer otras cosas, los datos en número no engañan. Queda demostrado que los vegetales no tienen que envidiar a los animales ni siquiera en cuando a proteínas que es lo que más se les cuestiona.

En eticariana.com.es encontrará contenidos adicionales.

Terminado el 2 de Octubre de 2017,

en Folgoso de la Ribera (León - España).

Dedicado a los animales, esos mártires....

y a las personas que luchan por ellos.